AF414134

per aver comprato questo libro

Perché un album da colorare con ingiurie e insulti ?

Abbiamo immaginato un libro da colorare impertinente, da utilizzare quando si è avuta una giornataccia o quando si sente semplicemente il bisogno di rilassarsi…
Volevamo un libro da colorare ribelle e divertente per potersi sfogare discretamente e in qualsiasi momento. Non c'era, allora l'abbiamo creato !

I libri da colorare anti-stress : perché funzionano ?

Perché colorare libera dallo stress e aiuta la concentrazione. È' scientificamente provato e molte persone lo sperimentano ogni giorno : quando si è impegnati a colorare, la nostra respirazione rallenta, diventa più regolare, offrendoci una prolungata sensazione di benessere.

Per un esercizio anti-stress super efficace

1) Concentrati sulla situazione o la persona che costituiscono la causa del tuo stress
2) Trova il disegno che meglio corrisponde al tuo stato d'animo
3) Colora il disegno, senza uscire dai margini (:-)).
4) Pubblicalo su Facebook / Instagram / Twitter #ParolacceDaColorare
5) Ripeti l'operazione fino a evacuazione completa dello stress !

Merda

Vaffa

genius

Porca
puttana

Mannaggia

Merdoso

Sfigato

Porca Miseria

Melissa

Testa di
Rapa

Brutta Stronza

Deficient

Dannazione

Rimbambito

Disgraziato

amanno

Beautiful

Stronza

Me ne
frego

Cacchina

Vaccaria

Cosa vuoi di più ?

Hai già finito di colorare tutti i disegni di questo libro ? Siccome sei un tipo formidabile e noi ti vogliamo bene, ti offriamo 10 disegni supplementari pieni di insulti e imprecazioni, ancora più deliziosamente volgari. Per riceverli, mandaci una mail a :

parolacce@procraste-nobel.com